Los granjeros

Quinn M. Arnold

CREATIVE EDUCATION
CREATIVE PAPERBACKS

semillas del saber

Publicado por Creative Education y Creative Paperbacks
P.O. Box 227, Mankato, Minnesota 56002
Creative Education y Creative Paperbacks son marcas
editoriales de The Creative Company
www.thecreativecompany.us

Diseño de Ellen Huber; producción de Christine Vanderbeek
Dirección de arte de Rita Marshall
Traducción de Victory Productions, www.victoryprd.com
Impreso en los Estados Unidos de América

Fotografías de Alamy (Mint Images Limited), iStockphoto
(andrearenata, Avalon_Studio, Nikada, Olha_stock, oticki,
stevanovicigor, Ron_Thomas, valio84sl), Shutterstock (Alena
Brozova, Svetlana Foote, kukiat B, Viktor Kunz, MaxyM,
OKAWA PHOTO, Dusan Petkovic, Luis Santos, Igor Stramyk,
Vyacheslav Svetlichnyy, Visionsi)

Información del Catálogo de publicaciones de la Biblioteca
del Congreso is available under PCN 2017935648.
ISBN 978-1-60818-929-8 (library binding)

9 8 7 6 5 4 3 2 1

TABLA DE CONTENIDO

¡Hola, granjeros!

Los granjeros crían animales.
Ellos cultivan la tierra. Los
cultivos como el maíz se
convierten en
alimento y
combustible.

Los cultivos como el algodón producen la ropa.

Los granjeros siembran semillas en campos grandes. Las semillas se convierten en cultivos. Luego, los granjeros los cosechan.

Los ganaderos obtienen
la leche de las vacas.
Algunos granjeros
crían gallinas.

Ellos recolectan los huevos de las gallinas.

11

Un granjero ara la tierra con un tractor. Otras máquinas siembran las semillas y recogen los cultivos.

La mayoría de los granjeros viven y trabajan en las granjas. Ellos pasan mucho tiempo al aire libre. Ellos arreglan graneros y cercas.

Los granjeros siembran y cosechan los cultivos.

Ellos cuidan de
sus animales. Ellos
venden alimento
a las personas de
sus comunidades.

¡Adiós, granjeros!

Imágenes de un granjero

granjero

guantes de trabajo

botas de trabajo

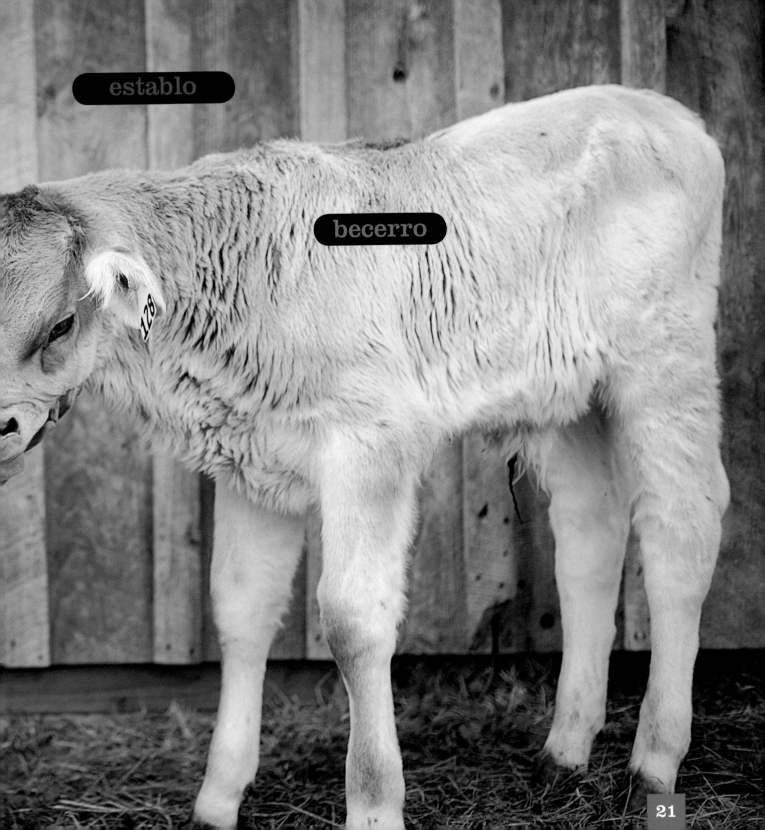

establo

becerro

Palabras que debes saber

arar: remover la tierra para prepararla para la siembra

cosechar: recoger los cultivos al final de la temporada de crecimiento

cultivos: plantas que se siembran para que sirvan de alimento a las personas y los animales

Índice

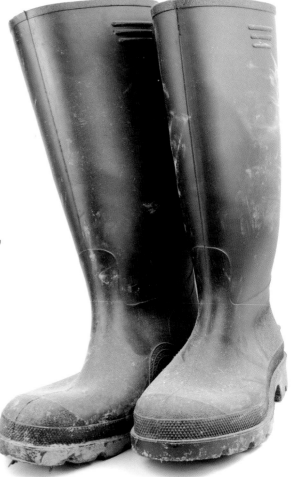